AF456041

ESSAI HISTORIQUE

SUR

LA RÉFORME & LA LIGUE

À CHALONS-SUR-MARNE

(1561 — 1610),

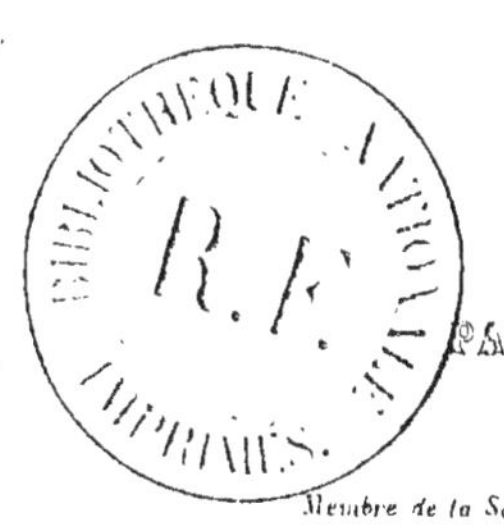

PAR M. EDOUARD DE BARTHÉLEMY,

Inspecteur des monuments historiques de la Meuse,
Membre de la Société d'archéologie lorraine, de la Commission d'archéologie de la Marne, etc.

Juillet 1851.

CHALONS,

IMPRIMERIE-LIBRAIRIE DE T. MARTIN, PLACE DU MARCHÉ-AU-BLÉ.

1851.

NOTICE HISTORIQUE

SUR

LA RÉFORME ET LA LIGUE

A CHALONS

(1561 — 1610.)

La conduite des Châlonnais pendant les guerres de la Ligue, a été trop brillante pour que je ne cherche pas à rappeler ce souvenir : fidèles à leur roi et à leur religion, ils donnèrent un noble exemple, malheureusement peu suivi en France où l'amour du changement et de l'opposition mine les choses les plus respectables, mais qui du moins fut imité par une portion de la province de Champagne (1). C'est à peine aujourd'hui si nous savons les faits principaux de notre histoire locale, et l'on s'occupe trop peu, ce me semble, de ce qu'ont fait nos pères. La chronique de Châlons est cependant curieuse à étudier, et notre ville s'est toujours noblement montrée quand il a fallu combattre et résister à l'ennemi. Les Châlonnais se sont signalés à Bouvines (1214) ; ils y soutinrent le principal choc de la journée, avec les communes champenoises et la cavalerie soissonnaise que commandait Pierre de Rains ; sous le règne de Charles VII, les Anglais attaquèrent la ville, esca-

(1) Dans notre département, Sainte-Menehould et Sézanne restèrent également fidèles à la cause royale, et soutinrent plusieurs siéges.

ladèrent ses remparts et pénétrèrent jusqu'au couvent des Cordeliers; mais les habitants, conduits par le sire de Conflans, les repoussèrent promptement en leur faisant subir de cruelles pertes (1429). L'année suivante les Anglais, au nombre de huit mille, cherchèrent à surprendre de nouveau Châlons ; le même Eustache de Conflans les prévint et alla les battre complètement à la Croisette (1). En 1543, Charles-Quint abandonna son projet de siége en apprenant les énergiques dispositions des bourgeois châlonnais.

J'ai voulu rappeler sommairement ces faits pour montrer que ce n'est pas dans une occasion seulement, mais bien dans toutes celles qui se sont rencontrées, que nos pères ont vaillamment repoussé l'ennemi, sans considérer les forces qui leur étaient opposées. Je vais maintenant m'attacher à l'époque où ils firent preuve du dévouement le plus complet et de la constance la plus longue.

La Réforme et la Ligue, tout le monde le sait, sont liées étroitement ensemble, l'une est la conséquence de l'autre; la religion prétendue réformée faisait de rapides progrès, surtout dans la classe aisée de la société, et le roi n'osait pas frapper aussi impitoyablement les nouveaux convertis que le lui conseillaient les ardents princes de la maison de Guise. Malgré les édits, malgré les rigueurs exercées par moment, les Protestants étaient si opiniâtres et si résolus en leur religion, que « lors » même que l'on était le plus déterminé à les faire mourir, ils » ne laissaient pour cela de s'assembler, et plus on faisait de » punitions plus ils multipliaient (2). » La moitié de la noblesse, une partie du clergé et une grande partie du peuple

(1) Village aujourd'hui détruit et situé à 4 kilomètres environ de Châlons.

(2) Mémoires du marquis de Castelnau. Livre Ier, chapitre 3.

étaient attachés à la Réforme. En 1555, il n'y avait encore qu'une seule église de la nouvelle religion en France; quatre ans après on en comptait deux mille. Malgré les défenses royales, des prêches se tenaient publiquement, et dans toutes les provinces des envoyés de Calvin excitaient les esprits, répandaient des écrits du maître et organisaient des centres d'action. Des hommes illustres par leur naissance et leurs talents étaient à la tête du Calvinisme : c'étaient les deux princes de Bourbon et les trois frères de Coligny, neveux de Montmorency : le premier, amiral, le second, colonel-général de l'infanterie, le troisième, cardinal. Les Parlements, surtout celui de Paris, ne cherchaient même pas à dissimuler leur affection pour les dissidents, et plusieurs de leurs membres cachaient à peine leur adhésion à la Réforme. Justement effrayés de ces progrès, Henri II et après lui Charles IX sévirent cruellement contre les Protestants; mais ces efforts n'aboutirent qu'à donner à ceux-ci de nouvelles forces et un plus grand nombre de partisans. Henri III voulut d'abord suivre la même voie : « Qu'ils » vivent dorénavant catholiques et selon les lois de la mo- » narchie, dit-il aux ambassadeurs des princes allemands, » sinon qu'ils vident le royaume (1). » La guerre recommença avec plus de violence, et les Protestants obtinrent par les armes ce qu'ils n'avaient pu obtenir par leurs prières : le roi, effrayé, céda à tout ce qu'on lui demanda, et leur accorda le libre exercice de leur culte en France, excepté à Paris, avec de nombreuses villes de sûreté dans le Midi (6 mai 1576). Le duc Henri de Guise et le cardinal de Lorraine saisirent avec empressement ce prétexte et constituèrent une fédération à laquelle adhéra la majorité de la noblesse; cette ligue avait pour but apparent de maintenir la religion catholique dans

(1) Journal de l'Etoile. Tome Ier, page 102.

toute son intégrité ; mais au fond, les princes de Guise se flattaient de s'en servir pour réaliser leurs ambitieux desseins contre la maison de France (12 février 1577).

Comme on peut bien le penser, la Champagne n'était pas restée indifférente au milieu de cette longue crise, mais du moins elle avait échappé en partie aux horreurs de la guerre civile qui ensanglanta le Midi et l'Est du royaume. Dès le commencement de la Réforme, cette province, par sa position frontière, vit arriver de nombreux missionnaires calvinistes qui, trouvant peu de succès pour leurs prédications, se hâtèrent de passer outre, tout en laissant cependant pas mal de convertis derrière eux. Le conseil de la ville de Châlons et le chapitre envoyèrent une députation au roi pour lui demander d'empêcher les Protestants de se réunir (3 octobre 1561) [1]. L'année suivante, les Calvinistes de Vassy commirent de grands désordres ; l'évêque de Châlons s'y rendit et tenta en vain de la conciliation : les habitants catholiques se plaignirent hautement à Antoinette de Bourbon, duchesse de Guise « dame » très-vertueuse et très-zélée pour l'ancienne religion », qui s'adressa à son tour à son fils le duc de Guise ; celui-ci se hâta de venir à Vassy, et le lendemain de son arrivée, qui était un dimanche, les Calvinistes faisant leur prêche dans une grange, leurs chants s'entendaient dans l'église où le duc assistait à la messe ; le prince, troublé par ces bruits, leur fit demander un moment de silence. Mais ils ne voulurent rien écouter ; alors deux pages et quelques valets se portèrent au prêche, une rixe s'engagea ; le duc accourut ; une pierre l'atteignit presqu'aussitôt au visage, et ses gens se jetèrent sur les Protestants, en tuèrent soixante et en blessèrent deux cents [2]

(1) Les députés du chapitre étaient Charles de Godet, doyen, et Robert Cuissotte, chanoine.

(2) Manuscrits de dom François ; bibliothèque de la ville.

(1er mai 1562). Le massacre de Vassy fut le signal de la guerre civile, qui se répandit rapidement; les Calvinistes, qui commençaient à être en certain nombre à Châlons, se soulevèrent; mais la milice bourgeoise en vint facilement à bout sans être obligée de répandre du sang; les deux chefs de la révolte seuls furent jugés et pendus par la main du bourreau. Ce mouvement indisposa plus vivement encore le conseil de ville contre les religionnaires, et il essaya de leur enlever le droit d'occuper des charges publiques ou d'exercer des métiers : le roi ne voulut pas y consentir (1). L'évêque, de son côté, se montrait très-zélé pour conserver Châlons à la religion catholique : en 1561, il avait fait garder par des soldats l'entrée de la rue Saint-Martin, où se devait tenir un prêche (2); de concert avec les échevins, il avait obtenu du roi que les Calvinistes ne pourraient plus servir à la garde des portes et des remparts (1562) [3], mais aussi ils étaient tenus de payer un certain impôt pour compenser cette exemption.

Le Perthois était à ce moment favorable à la Réforme, les nouveaux convertis très-nombreux, et des bandes armées désolaient le pays. Une de ces compagnies vint attaquer le château

(1) Procédure contre Michel Le Caussonnier, contrôleur des tailles et aides en l'élection de Châlons; Jean Beschefer et Pierre Leduc, receveurs des tailles; Jacques Langault, grènetier au grenier à sel, et Claude Billat, marchand. Arrêt du conseil du roi, du 22 avril 1564. (Archives de l'hôtel de ville.)

(2) Lettre de François, duc de Guise, à M. du Castel, capitaine de la ville, 7 décembre 1561. (Archives de l'hôtel de ville.) M. de Guise était alors gouverneur-général de la province.

(3) Lettre du roi à M. du Castel, 20 mai 1562 : « Je veulx que vous » ordonniez recepuoir à ladicte garde seullement ceulx qui seront de la » religion catholique et ancienne, sans y admettre les aultres jusques à » ce que les troubles qui se voyent en nostre royaume soient passés ou » qu'il en soit aultrement ordonné. » (Archives de l'hôtel de ville.)

de Sarry et s'en empara ; comme on agitait la question de savoir s'il serait conservé ou démoli, les bourgeois de Châlons survinrent et le reprirent (1567). Du côté d'Epernay, les villages étaient encore plus exposés, et en quelques mois une dizaine de riches abbayes furent pillées et brûlées (1). Le roi s'intéressait beaucoup à Châlons, qui était son principal boulevard en Champagne ; aussi voit-on dans les nombreuses dépêches adressées aux capitaines de la ville la recommandation sans cesse répétée de veiller à sa sûreté contre les surprises qui étaient constamment à craindre : « Ayez l'œil tant ouvert que » lesdits de la religion ne puissent vous prester aulcune rai- » son », écrivait le duc de Guise à M. du Castel (18 mai 1568) ; « craignant une surprise, mande-t-il le 8 juin, je vous escript » ce petit mot pour vous dire qu'il ne fault pas faillir de tenir » la main à la garde tant de nuict que de jour de ladicte ville. » Le maréchal d'Espaux renouvelait encore ces encouragements peu de jours après.

Malgré ces précautions, les Protestants ne se tenaient pas tranquilles et cherchaient par mille moyens à augmenter le nombre par trop restreint qui s'en trouvait dans notre cité. En 1576, aussitôt l'édit de pacification, les Châlonnais adressèrent au roi une requête pour obtenir l'interdiction du prêche ; elle commence ainsi : « Sire, vos très humbles et obéissants » subjects, les habitants de vostre ville de Chaalons en Cham- » paigne, vous remonstrent en toute humilité que souls l'ombre » de vostre édict de paciffication, aulcuns particuliers dudict » Chaalons, au nombre de trente ou environ, gens de basse » condition, auraient entrepris naguères de dresser ung presche

(3) Je citerai Saint-Sauveur et Notre-Dame de Vertus, Gaye, Notre-Dame de Belle-Eau, le Jardin près Sézanne, le Val-Dieu, l'abbaye d'Huyron près Vitry, etc.

» au dedans de ladicte ville » ; ensuite il y est dit que les Protestants cherchent à faire venir des religionnaires des environs, des habitants de Sedan, Jametz, etc. ; « en quoy l'on peut » prévoir aysément que ledict presche se continuant en ladicte » ville (laquelle pour estre sur la frontière de Champaigne et » qui est en temps de guerre la retraite de la plupart de vos » subjects des plats pays, et en laquelle aussy est establie vostre » recepte généralle de Champaigne et magasin d'artillerie), » sera en bref délai emplye d'étrangers sectateurs de ladicte » religion qui pourront machiner contre elle et même la sur- » prendre au premier bouillon d'un renouvellement de troubles. » Une pétition analogue, écrite par les évêques et autres seigneurs temporels de Châlons, accompagnait cette requête et se terminait ainsi : « Et ferez bien de nous exaucer, et » seront lesdicts suppliants plus enclins à prier Dieu pour » vostre estat et prospérité. » — Signée : COSME, évêque de Châlons et abbé de Saint-Pierre ; LOUIS DE CLÈVES, abbé de Toussaints, GALLOIS, notaire du chapitre. — Le roi ne voulut pas revenir sur son édit, mais il ordonna que les gens de la religion prétendue réformée, payant taille à Châlons, auraient seuls le droit d'aller au prêche (novembre) (1).

Grâce à ces soins et à l'active intelligence de son capitaine, M. du Castel, Châlons traversa ce moment critique sans malheur. Les affaires d'ailleurs n'étaient pas encore complètement brouillées, et les Guise tenaient pour Charles IX ; mais tout changea singulièrement quand la Ligue fut constituée et que les princes Lorrains eurent abandonné la cause royale. C'est un moment vraiment curieux à étudier dans nos annales, et où l'on peut voir avec quelle ardeur les Ligueurs travaillaient pour grossir le nombre de leurs partisans.

(1) Archives de l'hôtel de ville.

La guerre se soutenait avec vigueur et se propageait rapidement; le gouvernement fit renforcer les garnisons de Champagne, et en 1581 ordonna la réparation des fortifications de Châlons (1); mais le voisinage de Joinville, un des principaux centres des Guises, la menaçait à chaque instant. Tandis que le roi réunissait péniblement de l'argent et quelques soldats, Guise était déjà prêt à traduire ses promesses en faits; ayant appelé immédiatement à lui six mille Suisses et Bassompierre avec quatre mille reîtres, quoique ne disposant encore que de faibles troupes et que d'une petite portion de la noblesse de Champagne et de Bourgogne, il n'hésita pas à juger qu'il convenait d'agir par surprise, afin d'enlever les chances d'initiative à Henri III qui aurait pu dans ce premier moment, disait Guise lui-même « le forcer de se retirer au plus vite en Allemagne, en attendant une occasion plus favorable. » (1585.)

Avec sa petite armée, il se rendit maître de la ville de Châlons, qui devint ainsi malgré elle le premier quartier-général de la Ligue, y mit pour commandant le sieur de Rosne, et y amena un moment le cardinal de Bourbon, fantôme derrière lequel il pouvait cacher ses projets; il s'empara peu après de Verdun et décida Reims à se déclarer ouvertement pour lui. Le roi, pressé de tous côtés par la guerre et manquant des ressources les plus nécessaires, voulut faire la paix; il envoya sa mère, Catherine de Médicis, près du duc de Guise, qu'elle eut beaucoup de peine à rencontrer; cependant elle l'avait « toujours poursuivy par lettres et voyages »; elle allait à sa recherche à Reims, où il s'excusait fort légèrement de ne

(1) Le devis des travaux à exécuter se montait à 10,500 écus; à ce moment il n'y avait dans la place, en fait d'artillerie, qu'une bâtarde de 2,727 livres, une moyenne du même poids et deux fauconneaux; le roi y envoya alors deux moyennes de 1,125 et 1,100 livres, comme renfort. (Archives de l'hôtel de ville.)

s'être pas trouvé, puis à Jâlons et à Châlons, où elle fut reçue avec beaucoup d'égards. Il se montra dur et sévère envers elle, et elle dut acquiescer à toutes ses demandes. Le 5 juillet 1585 fut signée la paix de Nemours, par laquelle Henri III reconnaissait la Ligue et abolissait la religion prétendue réformée. Diverses places de sûreté furent accordées aux chefs; le duc de Guise eut Verdun, Toul, Saint-Dizier et Châlons, occupée alors seulement par cinquante hallebardiers, et qui une seconde fois dut plier devant la force (1).

Les hostilités restèrent suspendues pendant quelques mois à peine; le roi, toujours faible et irrésolu, mécontentait tous les partis et ne pouvait trouver d'appui nulle part; le meurtre du duc de Guise vint lui porter le dernier coup et préparer sa mort (1589). Mais Châlons était rentrée sous l'autorité royale, M. de Rosne en avait été expulsé par *conclusion de ville* (5 février 1589), et peu après les bourgeois fournissaient à l'armée du roi 400 muids de blé et 790 d'avoine. L'évêque lui-même, Cosme Clausse, qui penchait pour la Ligue, était très-mal vu, et les portes de Châlons lui furent fermées en 1589, quand il revint de Reims, où il était allé tenir sur les fonts un enfant du duc de Guise; il adressa à ce sujet au conseil de ville une lettre où il disait qu'il voyait avec peine « que sa présence » serait incommode et préjudiciable aux affaires d'icelle ville » pour le service de Sa Majesté, et qu'on a représenté que le » peuple estait en deffiance et se pourrait mutiner. » Malgré cela il demandait entrée libre; elle lui fut de nouveau refusée (15 février) (2). Le roi écrivit aux échevins pour les complimenter sur leur fidélité et l'empressement avec lequel ils lui

(1) Histoire des ducs de Guise, par M. le comte René de Bouillé, Tome III, page 156.

(2) Archives de l'hôtel de ville.

étaient revenus (27 mars) ; en même temps il ordonnait au duc de Nevers de s'y rendre et d'aviser avec le commandant, M. de Dinteville, aux moyens de mettre la ville à l'abri de nouvelles surprises. Le duc de Nevers y arriva comme les Châlonnais remportaient un brillant avantage sur les Ligueurs. Le comte de Saint-Pol, gouverneur de Reims pour la Ligue, venait de repousser le maréchal d'Aumont, l'avait poursuivi jusques à Saint-Amand et l'y avait battu complètement. Pendant son séjour à Vitry, de Saint-Pol s'empara du château de Pringy, situé à une lieue de cette ville, s'y fortifia, rançonnait les villages voisins et inquiétait les habitants de Châlons. Ceux-ci s'armèrent à la voix de M. de Thomassin, leur vidame; ils vinrent joindre un corps de troupes commandé par Robert de Joyeuse, comte de Grandpré, marchèrent sous ses ordres contre les Ligueurs et les forcèrent de rentrer dans le fort. Le lendemain ils montèrent à l'assaut et emportèrent la place ; de Saint-Pol et quelques-uns de ses soldats purent seuls se sauver et se retirèrent en toute hâte à Vitry (1). Le roi se hâta de

(1) Dans ce combat fut tué le jeune comte Robert de Grandpré, mestre-de-camp d'infanterie. Peu de temps après, de Thou vint à Châlons comme président au Parlement, et lui composa l'épitaphe suivante :

Peuples, ornez de fleurs sans nombre
Le tombeau que vous élevez ;
Vous devez ce tribut à l'ombre
Du héros qui vous a sauvés.

Grandpré, qu'enferme cette pierre,
Trois jours entiers a combattu
Pour chasser de votre frontière
Un ennemi qui cède à sa vertu.

Il meurt après cette victoire,
Il meurt percé de mille coups :
Châlons, dormez en paix à l'abri de sa gloire ;
Habitants, réjouissez-vous.

châtier la félonie de cette place, et lui enleva son bailliage pour le réunir à celui de Châlons (2 mai) et son grenier à sel (27 mai), « parce que, disent les lettres patentes, les habitants » dudict Chaalons ont servys et obéis au roy avec plus de fidé- » lité et sincère affection qu'aucun aultre lieu de la province. » Depuis le 26 avril il avait établi dans notre ville une chambre de son Parlement de Paris, avec juridiction spéciale sur la Brie, la Picardie et la Champagne; les habitants de ces pays ne pouvaient comparaître ni assigner ailleurs, sous peine de faux et rebellion (1). Enfin, un édit daté de Tours reconnut Châlons comme la principale cité de la Champagne.

Les chefs de la Ligue ne cessaient de faire des tentatives pour gagner les capitaines de Châlons et replacer cette ville sous leur domination; mais la fidélité des officiers comme des bourgeois se montra inébranlable. Ce fut surtout à M. de Plivot, mestre-de-camp commandant de la garnison, que l'on s'adressa (1). Le conseil général de la Ligue catholique lui fit les

Si par une attaque soudaine
Dans vos remparts on osait pénétrer,
Les mânes de ce capitaine
Suffiraient pour vous délivrer!

(Manuscrits de dom François.)

(1) Les autres chambres étaient à Tours; celles de Châlons comprenaient deux présidents, quatre conseillers, un greffier, deux clercs, un avocat-général et un procureur-général, un maître des requêtes, quatre secrétaires du roi, un audiencier, un contrôleur en l'audience, un conseiller chauffe-cire et deux huissiers. Elles tenaient leurs séances au couvent des Jacobins. MM. de Thou et Nicolas Pothier étaient présidents, et Hugues de Lestrée avocat-général.

(2) Pour l'intelligence du récit, je crois devoir dire quelques mots sur la famille de MM. du Castel et de Plivot.

Thierry de l'Hospital, écuyer, seigneur du Castel et des Grandes-Loges, fut nommé capitaine pour le roi de la ville de Châlons en 1551;

premières ouvertures (3 mars 1589); Catherine de Clèves, duchesse de Guise, écrivit deux jours après à Mlle de Plivot; le sieur de Bar, au retour d'un voyage à Reims, adressa également à M. de Plivot une lettre où il lui parlait des Guises qu'il venait de voir, et le suppliait de se joindre à eux plutôt que d'exposer Châlons « à ung siége, duquel elle est fort » prosche, et qui serait cause de la ruine totale d'icelle » (1er juillet); Claude de Lorraine, chevalier d'Aumale, étant à Vitry, écrivit lui-même en secret à M. de Plivot: « Je ne » puis vous gratifier d'ung de mes membres, lui dit-il, je » vous donnerays tant de subjects de contentement et tel grade » d'honneur qu'il dépendra auprès de ma personne; sy vous » avez affaire d'argent, je vous ferays tel présent que vous » aurez subject de vous contenter; et je vous prie et reprie » avec telle vollonté qu'il m'est possible, voulloir entrer à » mon service, je vous ferays part de ma fortune et des moyens » que j'ay. » (24 juillet) (1). Le même jour il écrivit la dépêche suivante, entièrement autographe et destinée à être rendue publique; je la crois trop curieuse pour la passer sous silence :

il céda sa charge à son fils Jean de l'Hospital, seigneur de Plivot, et après la mort de ce dernier, arrivée en Flandre en 1574, il fut renommé capitaine de Châlons. De son mariage avec Marguerite Cuissotte de Gizaucourt, il avait eu un second fils, Thierry II de l'Hospital, seigneur de Plivot, mestre-de-camp et capitaine de la ville après son père. Une autre branche était représentée par Claude de l'Hospital, seigneur de La Chapelle, capitaine d'une compagnie de gens de guerre, commissionné en 1589. Ainsi, MM. du Castel, de Plivot et de La Chapelle étaient tous trois de la même famille.

(1) Cettre lettre est entièrement de la main du chevalier d'Aumale; ces pièces et celles qui suivent sont toutes conservées aux archives de l'hôtel de ville.

« *A monsieur de Pleivio, mestre-de-camp, et aux*
» *cappitaines estant soubs charge à Challons.*

» Messieurs, je vous supplye croire le porteur, vous jurant » sur ma vie et mon honneur que ce qu'il vous promettra de » ma part ne vous sera en rien manqué, vous conjurant sur » l'amytié que vous m'avés portée et sur la souvenance de ce » vertueux et magnanime prince vostre desfunt maistre et le » mien, de faire paraistre sur le coup vos fidélités, ne doubtant » nullement que ce que vous avés faict par le passé, la force » a eu plus de pouvoir que la vollonté; les parolles sont pro- » pres aux femmes et les effects à héros. *Vous promettant* » *effectuer tout* ce qui vous sera promis.

» Votre serviteur.

« CLAUDE DE LORRAINE, chevallier D'AUMALLE. »

Ces efforts furent inutiles, et quand la mort de Henri III eut mis la couronne sur la tête du roi de Navarre, Châlons n'hésita pas à suivre le conseil donné par le souverain mourant, et reconnut Henri IV (1er août). Trois jours après l'assassinat de Henri III, le Béarnais écrivait au conseil de Châlons pour exhorter cette ville à lui rester fidèle, et envoyait en Champagne le maréchal d'Aumont «pour restablir l'autorité du roy, » le repos et la tranquillité de la patrie. » (Dépêche du maréchal à M. du Castel. 23 août.) (1).

(1) Lettre de Henri IV à M. du Castel :

« Mons. du Castel, vous entendrez par la lettre que j'escris présen- » tement à ceulx de notre ville de Chalons le malheureux et déplorable » accident advenu en la personne du feu roy mon seigneur, que Dieu » absolue, dont je ne faicts double, que tous les bons et naturels » François ne cesseront de se repentir. *Vous estes de ceulx qui avez* » *toujours monstré une singulière affection et fidélité à ceste couronne,* » *et qui ne vous estes voulu laisser esbransler ni.......... promis-* » *sions et dons qui vous ayent esté faicts*, comme j'en ay assez le té-

De son côté, Claude de Lorraine, renouvelait ses démarches près du capitaine du Castel, et l'exhortait plus vivement à se joindre à lui : « Vous qui avés toujours esté catholique, lui » disait-il, n'ayant plus de respect qui vous empesche de vous » unir avec les gens de bien. » Il lui dépêchait M. de Dampierre, un de ses officiers, pour le solliciter encore davantage (15 août). Les Châlonnais répondirent par de sérieuses démonstrations pour Henri IV, et s'empressèrent à la première réquisition de lui donner deux mille écus qu'il demandait.

En 1590, Henri IV écrivait à M. de Thomassin, alors commandant à Châlons, pour lui recommander ses affaires de ce côté : « Croyez, je vous prie, lui disait-il, que je désire in- » finiment aller en mon pays de Champaigne pour nettoyer » complètement cette province et en chasser mes ennemys, » comme j'ay faict depuis troys moys de celles du Mayne,

» moignage, dont je ne puis que louer beaucoup vostre vertueuse » resolution, et m'asseure que vous persévérerez pour maintenir ladicte » ville en son deuoir et en l'obéissance soubs laquelle Dieu l'a establie : » vous vous pouvez aussi promettre que jamais je ne perdray la mé- » moyre de vostre mérite et que oultre le contentement que vous auez » d'avoir satisfaict à vostre debuoir, et vous sentirez combien les per- » sonnes de mérite comme vous me sont chères et recommandées : et sur » ce je prye Dieu qu'il vous aye, Mons. du Castel, en sa saincte garde.

» Du camp de S. Cloud, le IIIe jour d'aoust 1589.

» HENRY. »

(De la main du roi.) Et plus bas : Potier.

« Je vous prye d'avoir mon seruise en recommandasyon, et vous » asseurer de la volonté que j'ay de fayre pour vous. »

« A Monsieur du Castel. » (Arch. de l'hôtel de ville.)

Les rois Henri III et Henri IV écrivirent plusieurs fois aux gens du conseil de la ville en les traitant de leurs « bons amys », de « chers » et bien amez », notamment les 12 juin, 24 décembre 1588, 24 février 1589, 30 mai et 23 novembre 1592 et 25 juillet 1596.

» d'Anjou et de Normandye, et que j'espère faire bientôt. » Il s'engage à payer les troupes de la garnison et tous les autres officiers « sans que les habitants de madicte ville et de ses envi- » rons en ressentent aucune incommodité. » Pour l'exhorter davantage à soutenir vigoureusement sa cause, le roi lui parle de ce qu'il faisait depuis quelque temps contre les Ligueurs. « J'ay cherché, ajoute-t-il, toutes les occasions que j'ay peu » pour attirer mes ennemys au combat, même à la veu du » duc de Mayenne et de toute son armée. » (Lettre du camp » de Dreux, du 4 mars.)

En 1591, le roi vint dans notre ville en se rendant au siége d'Epernay, qu'il enleva peu après ; il y séjourna quelques jours et reçut encore de nombreux dons en vivres et en argent (1). C'est pour perpétuer le souvenir de tous ces actes de fidélité et d'obéissance que le grand roi ordonna à Pierre Boucherat, directeur de la monnaie de Champagne, transférée depuis deux ans de Troyes à Châlons, de faire frapper des médailles en bronze, en argent et en or; sur l'une des faces on voit la tête de Henri IV, avec cette légende : HENRICUS. IIII. DEI. GRATIA. FRANCIÆ. ET. NAVARRÆ. REX., et au revers les divers attributs des monnoyers, avec ces lettres : *Ære. Argento. Auro. Fabre. Factum.* 1591. et cette devise : CATHALAUNENSIS. FIDEI. MONVMENTVM. (2). En même temps il écrivait au conseil de ville, et terminait sa lettre par ces mots : « Ne m'oubliez mie. »

Pendant son séjour à Châlons, la chambre du Parlement

(1) Quatre mille septiers de blé et huit mille écus en argent à titre de prêt; cette somme leur fut rendue quelques années plus tard, avec dix mille écus, en indemnité des pertes subies pendant les guerres de la Ligue.

(2) Il existe encore quelques-unes de ces médailles ; on en conserve entr'autres une à l'hôtel de ville.

eut occasion de rendre deux arrêts célèbres. On trouva sous la porte du doyen de la cathédrale un exemplaire cacheté d'une bulle du pape Grégoire XIV, qui excommuniait Henri IV et le déclarait déchu de ses droits au trône de France, les gens du roi s'emparèrent de cette affaire et firent ordonner que cette pièce serait brûlée publiquement par la main du bourreau (6 juin 1591); ce qui fut exécuté, nonobstant une décision contraire de la part des conseillers partisans de la Ligue et demeurés à Paris. Un autre arrêt, en date du 18 novembre 1592, déclara nulle et non avenue la bulle du pape Clément VIII, publiée par le cardinal de Plaisance, légat en France, et défendit « aux bons et fidèles Français » de se rendre à l'assemblée des Etats, convoquée pour procéder à l'élection d'un roi, comme cette bulle l'ordonnait.

Peu de temps après, comme on le sait, la face des affaires changeait en France ; Henri IV gagnait chaque jour du terrain, et la Ligue faiblissait rapidement. La conversion de ce prince lui ramena un grand nombre de catholiques (juillet 1593); quelques mois plus tard, Paris lui ouvrait ses portes, et les chefs de la Ligue vinrent faire leur soumission. La Champagne retrouva le calme et la tranquillité pour quelques années seulement, car par sa position frontière, c'est elle qui est la première exposée et qui reçoit le premier choc ; position du reste qu'elle a toujours su soutenir à sa gloire, comme je tâcherai de le faire voir dans d'autres études.

Henri IV conserva un profond souvenir de la conduite des Châlonnais, et plusieurs fois, pendant son règne, il se plut à le reconnaître d'une manière éclatante. Au mois de juin 1601 il vint dans notre ville, et selon l'usage son lieutenant à Châlons lui fit présenter les clefs par le lieutenant du gouverneur ; Henri IV répondit « que ce n'était pas les clefs qu'il demandait, mais les cœurs des habitants, qu'il avait reconnu au-

» paravant, et qu'ils eussent à continuer et à garder lesdites » clefs. » Et il ne voulut même pas y toucher (1). En 1609, il accorda des lettres patentes pour la franchise des foires, et y fit mentionner « qu'elles furent octroyées pour reconnoître » la fidélité des habitants dudit Châlons entre toutes les autres » villes de la Champagne dans le plus fort des troubles, laquelle, quoiqu'environnée de toutes parts de villes contraires » à son service, s'est toujours conservée dans une inviolable » fidélité » (2).

On trouvera peut-être que je me suis trop appesanti sur ces faits, mais j'ai pensé que c'était un devoir de les rappeler aux descendants de ces fiers bourgeois en qui un des plus grands de nos rois mettait ainsi tant de confiance.

Au milieu du récit de ces évènements, j'ai perdu quelque peu de vue la question des Protestants, dont la position du reste n'avait pas changé. Toujours en très-grande minorité et mal vus par les catholiques, ils ne pouvaient exercer leur culte qu'avec beaucoup de difficulté. Après la promulgation de l'édit de Nantes, des commissaires furent envoyés dans toutes les provinces pour veiller à son exécution; ceux qui se rendirent à Châlons reçurent des plaintes amères de la part des

(1) Registres des conclusions de la ville, du 1er juillet 1601.

Le même motif décida Henri IV à décharger les Châlonnais du service et de la contribution personnelle pour la convocation de l'arrière-ban, en novembre 1597. Enfin, quelques jours avant sa mort, il accordait de nouvelles lettres patentes pour défendre à ses officiers d'approcher avec ses troupes à plus de trois lieues de Châlons, et d'y rien prendre sans payer « désirant faire connoistre aux habitants de ladicte ville com» bien leur fidèle affection au bien de son service, le convioit à embrasser » leur soulagement et conservation, et comme par leur continuel debvoir, » ils se sont de plus rendus dignes de sa bienveillance » (29 avril 1610).

(2) Lettres patentes du mois de janvier 1609.

membres du conseil de ville, et la demande impérative d'empêcher l'établissement de prêches à Châlons, Compertrix ou Fagnières (14 septembre 1599). Les commissaires voulurent faire droit à une partie de ces réclamations, et décidèrent, dans une séance tenue publiquement, que les Protestants ne pourraient se réunir en assemblées ni à Châlons, ni dans les faubourgs, qu'aux enterrements ils ne pourraient se rendre en plus grand nombre que vingt-cinq, mais que leur cimetière leur serait maintenu et leur prêche établi à Compertrix, « en » la portion qui est en la haute justice du roy et non en celle » de monsieur l'évêque » (16 septembre). Ces concessions ne suffirent pas, et de nouvelles plaintes s'élevèrent au contraire plus vives et plus nombreuses. Il fallut alors s'adresser directement au roi, qui concilia les affaires des deux parties autant que possible, et écrivit au duc de Nivernais, gouverneur-général de Champagne et de Brie, la lettre suivante, qui règle en même temps et définitivement la situation des Calvinistes dans notre pays :

« Mon nepueu, depuis que vous m'avez représenté ce qui » s'est passé en votre gouvernement, en l'exécution de mon » édict de pacification, et particulièrement en ma ville de Châ- » lons pour l'establissement du lieu où le presche se doyt » faire, les sieurs de Montlouis et président Jeannin sont venus » me trouver et m'ont rendu compte de ce qui s'est faict pour » l'exécution de mondict édict, principallement en ma ville de » Châlons; m'ayant représenté les difficultés intervenues entre » les Catholiques et ceulx de la religion prétendue réformée, » pour l'establissement dudict presche, ayant considéré toutes » les raisons qu'ils m'ont proposées d'une part et d'autre, les » mêmes advis qu'avez eus du sieur de Thomassin et des ha- » bitants de madicte ville, et m'estant faict représenter en mon » conseil ledict édict et articles, j'ay recogneu que lesdicts

» sieurs de Montlouis et président Jeannin ont suivi et observé » ce qui est porté par eulx et que l'exécution n'a esté retardée » que pour la difficulté faicte par le sieur évesque de Châlons » d'accomoder à ceulx de ladite religion le lieu de Vinay, du » quel la seigneurie lui appartient; ayant cependant fort à » propos estably le lieu dudit presche à Combartrix *(sic)*, et » d'aultant, mon nepveu, que je désire que cest establisse- » ment se faasse au contentement de tous mes subjects, et » selon qu'il est ordonné et prescrit par ledict édict. Je vous » prye d'assembler au plus tôt les habitants de madicte ville, » tant Catholiques que de ladicte religion, pour leur faire en- » tendre mon intention, qui est que suivant l'édict l'establis- » sement dudict presche se faasse audit lieu de Vimay, sy ledict » Evesque le veult permettre et qu'il ayt agréable d'en prendre » recompensation; que tous les habitants travaillent ensemble » pour trouver un aultre lieu en pareille distance de madicte » ville, qui soit à la commodité des ungs ou des aultres. Ce » que je vous prye leur enjoindre très-expressément et faire » que les sieurs d'Inteville et de Thomassin, s'ils sont près de » vous, s'employent d'affection pour faire effectuer cela audict » Vimay ou dans un lieu aussy commode; et au cas qu'ils ne » puissent tomber d'accord, ma volonté est que ledict presche » soit continué au lieu de Combartrix, suyvant l'établissement » faict par lesdits commissaires. A quoy, mon nepveu, vous » tiendrez la main avec pareille affection que vous désirez le » bien de mon service et le repos de mes subjects. J'ay aussy » entendu des sieurs de Montlouis et président Janin la diffi- » culté qui s'est présentée pour l'establissement du presche à » Epernay, et m'ont esté remonstrées les raisons proposées par » ceulx de ladicte religion et celles des habitants de ladicte » ville, desquelles j'ay faict tel poid et considération, que j'ay » advisé et jugé ceulx de ladicte religion qui demeurent en

» ladicte ville estre mal fondés à demander l'establissement du » presche en ladicte ville, me souvenant que le sieur de Vi- » gnolles n'a faict prescher en ladicte ville que par tollérance » et pour luy et ceulx de la garnison, qui estaient en la ville » seulement. Ce qui ne peult avoir acquis possession aux ha- » bitants d'icelle pour y continuer ledict presche, lequel je » ne veulx estre faict en ladicte ville, mais au lieu qui leur » est permis par mon édict et qui leur sera ordonné par les » commissaires : à quoy vous tiendrez la main. Et pour le » regard de Vitry, j'ai agréable que le presche se faasse au lieu » que les commissaires ont ordonné, puisqu'il leur est com- » mode. En attendant que la chaussée, qui doyt estre réparée, » soit en estat qu'on y puisse passer, il faudra que ceulx du- » dict Vitry continuent d'aller oyr le presche à Vitry-la-Brûlée, » comme ils ont accoustumé. Sy ce n'est que de gré à gré le » sieur de Sommyèvre leur permette de faire l'exercice de » leur relligion au village proche dudict Vitry qui lui appartient, » lequel les commissaires m'ont dict leur estre commode. Voila » ma volonté sur les trois difficultés qui se sont présentées en » l'étendue de votre gouvernement, laquelle j'ai faicte en- » tendre auxdicts commissaires, et vous l'ay voulu mander afin » que vous teniez la main à l'observation d'icelle, comme je » vous prye de faire et me donner advis s'il se passe quelque » chose au contraire. Vous advertirez ceulx dudict Vitry que » j'ay agréable que les deniers nécessaires pour la réparation » de la chaussée se livrent par mon receveur d'octroy, selon » leur proposition ; et sur ce, je prye Dieu, mon nepueu, » vous avoir en sa sainte garde.

» Escrit à Fontainebleau, le VIIe jour d'octobre 1599.

» HENRY. »

Et plus bas, POTIER.

Cette décision mit fin aux difficultés si souvent renouvelées depuis un demi-siècle ; les Protestants purent désormais vivre en paix et pratiquer librement leur religion. En 1606, une nouvelle concession leur fut faite, et l'on admit leurs enfants, comme ceux des catholiques, dans les hôpitaux de Châlons.

Châlons. imprimerie de T. Martin.

www.ingramcontent.com/pod-product-compliance
Ingram Content Group UK Ltd.
Pitfield, Milton Keynes, MK11 3LW, UK
UKHW022207190726
13855UKWH00004B/1655

9 782013 023160